Gespräche mit AQUA

Zur Quelle – zum Meer

Erzählung

Richard J. Wagner

Edition LIVING WELL

Der Autor:

Richard J. Wagner studierte Philosophie an der Hochschule für Philosophie S.J. in München – Naturphilosophie, Metaphysik und Ethik waren Schwerpunkte. Seine Magisterarbeit verfasste er zum Thema „Mystik und Mystagogie in der Theologie Karl Rahners". Er arbeitete dann im Verlagswesen, u.a. als Redakteur und Autor einer Reihe von Publikationen. Seit 1991 ist er freiberuflich tätig – im Bereich Marketing mit eigenem Werbestudio, auch als Autor im Bereich Gesundheit und Umwelt.

Seit einigen Jahren beschäftigt er sich intensiv mit dem Thema Wasser, das für ihn mehr ist als einfach eine Flüssigkeit, vielmehr ein essentieller Schlüssel zu Gesundheit und Leben überhaupt. Seit über 20 Jahren ist Richard J. Wagner im Bereich ganzheitliche und natürliche Wasserbehandlung bzw. -optimierung tätig – in Forschung, Entwicklung und internationaler Anwendung.

Mehr unter:
www.livingwellinternational.com und *www.livingwellholistic.com*

© 2017 Richard J. Wagner
Überarbeitete Neuauflage
Foto/Umschlaggestaltung: Richard J. Wagner
Edition LIVING WELL – *www.edition-livingwell.com*

978-3-7439-8202-4 (Paperback)
978-3-7439-8203-1 (Hardcover)
978-3-7439-8201-7 (e-Book)

Inhalt

Vorwort

„Bachlauf und Lebenslauf – wie ähnlich sind sie doch!"
Für den Protagonisten dieser Erzählung beginnt mit
dem Besuch einer Quelle der Weg zur eigenen, inneren Quelle. Im Fluss des Lebens sich bewegend, mit
all seinen Herausforderungen, durch Erkenntnisse
und Erfahrungen reifend und weiter werdend – so wie
der Strom, der schließlich uns Meer mündet.

In unserer oftmals hektischen Welt mit all ihren Anforderungen kann es dabei hilfreich sein, sich in die
Natur zu begeben, dort, fern von Hektik und Lärm,
zur Ruhe zu kommen – sich zu öffnen für neue Impulse und Sichtweisen, für Antworten auf brennende Fragen. Gerade in Lebenskrisen und auf der Suche nach
dem Sinn des eigenen Daseins, dann wenn Gedankenkreisel und Gefühlschaos das Bewusstsein trüben,
kann die Ruhe, Schönheit und Erhabenheit der Natur
befreiend und zugleich inspirierend sein.

So ergeht es zumindest dem Protagonisten in dieser Erzählung. Für ihn eröffnen die verschiedenen Formen von Wasser – von jener Quelle angefangen, hin zu Bächlein, Fluss, Strom, Meer oder in Form von Wolken, Nebel, Reif, Eis und Schnee – immer wieder neue Erkenntnisse und Perspektiven.

Dabei geht es nicht nur um menschliche, existentielle Fragen, sondern auch um ökologische Zusammenhänge sowie um ein neues Verständnis von Wissenschaft und Spiritualität. Diese erweisen sich, insbesondere im Lichte von neueren Erkenntnisse aus Biologie und Quantenphysik, mehr und mehr als komplementäre Sichtweisen und Zugänge zur Wirklichkeit. Das Modell der Morphogenetischen Felder beispielsweise ermöglicht ein neues Verständnis vieler Zusammenhänge.

Diese Erkenntnisse werden dem Leser in einfacher und klarer Sprache – das literarische Stilmittel des Dialoges nutzend – vermittelt. Das Wasser in seinen unterschiedlichen Erscheinungsformen dient dabei als

Inspirator – für die „Gespräche mit AQUA". Eingebettet ist das Ganze in eine Erzählung, welche auch au-
tobiografische Elemente enthält. Persönliche Erlebnisse und Erfahrungen aus verschiedenen Lebenssi-
tuationen des Autors sowie Erkenntnisse über die Zusammenhänge von Mensch, Natur und Kosmos sind
miteinander verflochten.

Es soll dies kein weiterer Ratgeber sein – gleich-
wohl viele Lebensweisheiten enthalten sind. Vielmehr
sollen die Inspirationen selber inspirierend für den
Leser sein. Das Büchlein will motivieren, die Dinge zu
hinterfragen, den Sinn in einzelnen Situationen zu suchen, sich zu öffnen für größere Zusammenhänge,
der Natur mit offenen Augen und Herzen zu begegnen – sich inspirieren zu lassen von der Weisheit in
uns selbst.

Richard J. Wagner
November 2017

Zur Quelle

Es wurde nun rasch hell, als ich, das Dickicht von Bäumen und Sträuchern hinter mich lassend, auf die kleine Lichtung trat. Schon vor Sonnenaufgang war ich aufgebrochen, voll innerer Anspannung und Vorfreude. Seit drei Tagen war ich nun schon unterwegs, um mir einen Jugendwunsch zu erfüllen: Ich wollte einmal die Quelle jenes Baches sehen, der in der Nähe meines Geburtsortes vorbei floss. Wie magisch hatte ich mich von Kindheit an von diesem Bach angezogen gefühlt. Und schon immer hatte ich den Wunsch, einmal bis zur Quelle vorzudringen. Warum ich es bis jetzt noch nie getan hatte? Ich wusste es nicht. Jedenfalls hatte sich vor ein paar Tagen dieser lange verdrängte Wunsch den Weg in mein Tagesbewusstsein gebahnt und saß dort seither fest.

Ich konnte mich dieses Gedankens nicht mehr erwehren; immer und immer wieder tauchte er auf – ich wusste nicht warum. Hatte es etwas mit meiner aktuellen Verfassung zu tun? Ich war mürbe zurzeit, innerlich und äußerlich unruhig; diffuse Zweifel quälten mich. Was hatte ich in meinem Leben schon erreicht? Die Jahre schienen wie im Flug vorbei gegangen zu sein. Sicher, ich habe eine wunderbare Frau und drei herrliche Kinder – das macht mich glücklich. Mein Beruf füllt mich aus; in meinem Bereich gelte ich als Experte. Und dennoch bin ich seit einiger Zeit innerlich unzufrieden.

Als ich kürzlich mit seiner Frau für ein paar Tage am Meer verbrachte, und ich von weit oben – inmitten einer grandiosen Landschaft auf einem dunklen Felsen sitzend – auf das Meer hinab blickte, überkam mich plötzlich eine eigenartige Sehnsucht. Ich fühlte mich auf einmal in meine Kindheit zurückversetzt, sah mich am Bach spielen, Steine sammeln, Staudämme bauen… Ein glückliches und unbeschwertes Gefühl – wie ich es schon sehr lange nicht mehr gespürt hatte – überkam mich.

Zur Quelle

Und urplötzlich war er da, der innige Wunsch aus der Kindheit, der sich nun seinen Weg machtvoll in mein Oberbewusstsein bahnte: Einmal zur Quelle zu gehen – zur Quelle jenes Baches, an dem ich als Kind und Jugendlicher so viel Zeit verbracht hatte.

Das war erst vor wenigen Tagen gewesen; doch der Gedanke ließ mich seitdem nicht wieder los. So beschloss ich, meine verbleibenden Urlaubstage dafür zu verwenden, mir diesen Jugendtraum zu erfüllen.

Alleine und meinem inneren Antrieb folgend, machte ich mich auf, ungefähr 24 km von dem vermuteten Ursprung des Baches entfernt. Der Weg führte erst durch majestätische Wälder mit hohen Tannen und Fichten. Sie strahlten eine schier unendliche Ruhe aus und dennoch eine mächtige Kraft. Dies hatte mich als junger Mensch schon immer sehr beeindruckt. Stundenlang war ich damals, vor allem im Sommer, durch den Wald gestreift und hatte diese Atmosphäre genossen. Jetzt fühlte ich, wie diese

Gefühle wieder an die Oberfläche dämmerten. Und langsam begann Ruhe in mein gehetztes Gemüt einzukehren. An manche Stellen glaubte ich mich sogar zu erinnern; immer wieder blitzten Szenen aus der Kindheit auf.

Immer mehr machten den Tannen und Fichten nun Eichen und Buchen Platz. Es wurde lichter und offener. Herrliche Farne, die nun den Waldboden bedeckten, leuchteten im Sonnenlicht. Die ganze Atmosphäre wirkte ätherisch. Ich fühlte mich wie in eine andere Welt versetzt. Beruf, Alltag, ja sogar die marternden Gedanken der letzten Wochen waren verschwunden und machten einer lange nicht mehr erfahrenen inneren Ruhe Platz.

Das Bächlein wurde immer schmäler und wand sich in unzähligen Windungen durch das nun immer dichter werdende Unterholz. Der Schweiß stand mir auf der Stirn; Hände und Arme wurden zerkratzt. Ich setzte jedoch, gleichsam von einer unsichtbaren Kraft angetrieben, meinen Weg durch das Gebüsch fort.

Zur Quelle

Das Plätschern des Bächleins, das sich schlängelnd seinen Weg über Steine und Wurzeln bahnte, machte mir immer wieder Mut. Und so quälte ich mich durchs dicke Geäst – jedoch war dies eine andere Art von Qual als die innere Verzweiflung der letzten Zeit. Dieser Kampf mit der unwegsamen Natur schien im Unterschied dazu eher zu befreien und zu stärken.

Die letzte Etappe konnte ich kaum erwarten. Die vergangene Nacht hatte ich kaum ein Auge zugetan. Szenen aus meiner Kindheit und Jugend waren immer wieder durch mein Bewusstsein gehuscht – ähnlich den schnell ziehenden Wolken, die immer wieder den Mond bedeckten und dann wieder freigaben und so eine gespenstisch schöne Atmosphäre zauberten. Ab und zu war der Ruf einer Eule zu hören, welche sich mit dem Mond zu unterhalten schien. Tief sog ich die intensiven Gerüche des Waldes in mich hinein, als ich mit dem Rücken auf dem warmen Waldboden lag und den nahezu vollen Mond betrachtete.

Wann hatte ich so etwas das letzte Mal gemacht? Es musste Jahrzehnte her sein. Ich fühlte, wie ein tiefer Frieden in mein Inneres einzog und sich die Wogen meines Gemütes gänzlich glätteten. Eine entspannte Ruhe kehrte nach und nach ein, worauf das Bächlein mit seinem leisen Plätschern und Gurgeln seine geheimnisvollen Melodien spielte. Sanft umfing mich schließlich die Nachtruhe.

Doch schon bei der beginnenden Dämmerung war ich wieder hellwach, gespannt vor Erwartung. Ich konnte nicht mehr weit von der Quelle entfernt sein. So brach ich bereits im ersten Dämmerlicht auf; der Mond begleitete mich noch eine Weile.

Nun betrete ich also die kleine Lichtung – und im selben Augenblick brechen die ersten Sonnenstrahlen durch die Bäume. Welch ein überwältigendes Schauspiel! Gräser und Moose erstrahlen in tausend leuchtenden Funken und Farben und verleihen der Lichtung einen nahezu übernatürlichen Glanz.

Zur Quelle

Überwältigt und ehrfurchtsvoll bleibe ich stehen, andächtig und von innerer Dankbarkeit erfüllt, voller Bewunderung für die unglaubliche Schönheit der Natur, die sich mir in diesem Augenblick so wundervoll offenbart.

Die Sonne schiebt sich nun in voller Größe über den Horizont und erleuchtet dieses Fleckchen Paradies. Und plötzlich sehe ich es zwischen den Steinen, auf der anderen Seite der Lichtung, aufblitzen. Wie elektrisiert starre ich auf diese Stelle. Das muss sie sein!

Mit einigen schnellen Sätzen springe ich auf die andere Seite der Lichtung. Ja, das ist sie – die Quelle! Leicht und beschwingt sprudelt sie aus der Erde, durch einen schmalen Felsspalt, der mit Moosen und Farnen überwachsen ist, im Schutze von zwei mächtigen Baumriesen.

An der Quelle

Ehrfürchtig und voll innerem Gespanntsein trete ich an die Quelle. Welch ein erhebender Augenblick! Es scheint, als wären die Lasten, die mich seit einiger Zeit bedrückten, einfach abgefallen. An diesem reinen Morgen scheint alles in ein befreiendes Licht getaucht zu sein. Tief durchatmend nehme ich die frische, würzige Morgenluft in mich auf. Ich spüre, wie sich meine Zellen gleichsam mit neuer Kraft aufladen, der Körper sich strafft; ich fühle mich gestärkt – wie neu geboren.

Mit einem leisen Erschauern betrachte ich ehrfürchtig die Quelle. Ich halte inne, wage kaum zu atmen, um nicht diese heilige Erhabenheit zu stören. Andächtig lausche ich dem sanften Plätschern, mit dem das Wasser den Felsspalt verlässt, gleichsam geboren wird, um sich dann als kleines Rinnsal seinen Weg über viele bunte Kieselsteine zu suchen. Im Morgenlichte glitzernd hüpft es mühelos über sie hinweg; einige Tropfen springen dabei wie vor Übermut in die Luft – kurz aufblitzend – um dann wieder in das Bachbett zurückzufallen.

Ich beobachte dieses erfrischende Schauspiel eine ganze Weile – Raum und Zeit scheinen zu verschwimmen in diesem innigen Gegenwärtigsein. Nach einer Weile setze ich mich mit einem tiefen Seufzer auf einen großen Stein, der direkt neben der Quelle liegt – als wolle er das eben geborene lebendige Wasser beschützen, gemeinsam mit den mächtigen Bäumen, die diesen wunderbaren Ort wie übergroße Wächter einrahmen. Eine unendliche Ruhe und gleichzeitig ein tiefes inneres Erfülltsein durchfluten mein ganzes Wesen.

Irgendwann, die Sonne hat sich schon ein ganzes Stück über den Horizont erhoben, habe ich schließlich das Bedürfnis, meiner inneren Dankbarkeit Ausdruck zu verleihen. Ich spreche ein leises „danke!". „Danke, du herrliche Quelle, die du so wunderbar und rein, aus den Tiefen der Erde kommend, hier entspringst und dich mir offenbarst. Ich grüße dich im

An der Quelle

Lichte dieses neuen Tages. Ich begrüße dich am Beginn deines langen Weges über das Land."

Ich zucke zusammen. In meiner Kindheit hatte ich öfter zur Natur, zu Pflanzen und Tieren gesprochen. Das ist lange her und völlig aus meinem Bewusstsein entschwunden. Nun spüre ich jedoch wieder dieses erhebende und innige Gefühl des inneren Verbundenseins – und eine Woge von Licht und Energie durchströmt und erfüllt mich.

„Ich freue mich, dass du den Weg zu mir gefunden hast. So wie ich hier gleichsam neu geboren werde, indem ich aus der Erde ans Tageslicht trete und mich dem Element Luft anvertraue, so wirst auch du hier gleichsam neu geboren. "

Ich erschrecke, als diese feinen, lichten Worte in meinem Bewusstsein aufsteigen. Was ist denn das gewesen? Sprach da etwa die Quelle zu mir? Ich schiebe diesen Gedanken rasch beiseite. Die Worte jedoch klingen in mir nach. Und, irgendwie stimmt es ja auch, ich fühle mich wie neu geboren. Nach einer Weile gebe ich mir einen Ruck: „Warst du es, Quelle, deren Worte ich da in mir vernommen habe?"

Sanft strömt es in mein Bewusstsein:

„Ich bin das Wasser der Quelle und ich bin die Quelle selbst. Eins ist nicht ohne das andere. Genauso wenig bin ich getrennt von dir. Wäre ich nicht in dir, könntest du nicht mit mir kommunizieren und könntest du nicht meine zarten Schwingungen empfangen, die sich in deinem Bewusstsein zu Worten formen. Wir sind der Form nach getrennte Wesenheiten und doch eins."

Nach einer ganzen Weile der Sprachlosigkeit und des Schweigens, in der diese Worte in mir nachschwingen, raffe ich mich schließlich auf zu der Frage, die mich seit einiger Zeit beschäftigt: „Warum hat es nie geklappt, früher hierher zu kommen? Ich habe doch den Wunsch die ganzen Jahre mit mir herumgetragen. Erst jetzt hat sich plötzlich alles wie von selbst ergeben und zusammengefügt."

„Wohl hast du diesen Wunsch, der mehr eine Sehnsucht deines Herzens ist, viele Jahre in dir getragen. Deine Kindheitserfahrungen haben immer wieder an dein Bewusstsein geklopft. Doch du warst mit so vielen Dingen beschäftigt, dass du das stille Pochen immer wieder unterdrückt oder schnell vergessen hast: Du hättest ja sowieso keine Zeit. Das sei doch nur ein Kind-

heitstraum; was solle das schon bringen… Mit solchen und ähnlichen Gedanken hast Du diese Sehnsucht in dir immer wieder verdrängt.

Doch jetzt trittst du in eine Lebensphase ein, in der du spürst, dass du zwar vieles erreicht hast, du dich im Innersten jedoch leer fühlst. Deine innere Unruhe hat dich jetzt geöffnet für tiefer gehende Fragen und Erfahrungen. Und so konnte deine alte Sehnsucht lauter in dir pochen und du hast ihr Eintritt in dein Bewusstsein gewährt. Dies hat sodann bislang brach liegende Energien frei gesetzt und vieles mobilisiert und in die rechten Bahnen gelenkt."

Sicherlich ist dieser Morgen eines der schönsten Erlebnisse, an die ich mich erinnern kann. Ich verstehe jedoch immer noch nicht so recht, weshalb diese Sehnsucht in mir so stark geworden ist und warum es mich ausgerechnet hierher gezogen hat.

„Du suchst nach deiner eigenen Quelle, nach deinem Ursprung und deiner Bestimmung. Du bist wie gesagt an einem Punkt angelangt, an dem diese Fragen in dir aufbrechen. Jedoch hast du diese bereits mit in diese Inkarnation gebracht. Als Kind hattest du noch einen intensiveren Kontakt zur Natur

und auch zu deiner eigenen Empfindungswelt. Deshalb hast du schon damals diesen Wunsch entwickelt, zur Quelle zu gehen. Und da ich dir in dem Bach in der Nähe deines Wohnortes immer wieder begegnet bin und dir leise zugeflüstert habe, hast du eine besondere Anziehung zu gerade diesem Bach und zu dieser Quelle entwickelt. Wir stehen bereits seit deiner Kindheit miteinander in inniger Beziehung, auch wenn dir dies bis jetzt nicht bewusst gewesen ist."

Ich überlege. Ja, das ist richtig. Als Kind und auch noch als Jugendlicher hatte es mich damals immer wie magisch an diesen Bach gezogen. Stunden über Stunden hatte ich hier zugebracht, manchmal mit Freunden, meist jedoch alleine. Dieses Wasser hatte immer schon etwas Faszinierendes an sich – wenn es lebhaft über die Steine sprang, um dann in einem ruhigen Strome gemächlich weiter zu fließen. Eingerahmt von Erlen, Buchen und Weiden war dies wahrlich ein Ort des Friedens und der Stille. Fühlte ich mich einmal nicht so gut oder hatte gar Probleme, ging ich zu jener Stromschnelle und setzte mich auf einen großen Stein am Bachufer. Dem Bach konnte ich immer alles erzählen. Er war ein guter Zuhörer; und er nahm alles mit sich fort.

Ich seufze. All dies hatte ich vergessen. Doch nun tauchen viele Gefühle von damals wieder auf; auch die Erinnerungen an die glücklichen Sommertage, die ich an diesem Bach verbracht hatte. Es war insgesamt eine schöne Zeit gewesen. Jedenfalls war sie untrennbar mit diesem Bach verbunden. Und richtig, damals schon hatte sich der Wunsch in meinem Bewusstsein eingenistet, einmal zu dessen Quelle zu wandern.

Jedoch hat es mehr als drei Jahrzehnte gedauert, bis sich dieser Wunsch erfüllen sollte. Doch offensichtlich ist es kein Zufall, dass dies gerade jetzt geschieht.

„Du hast recht", stieg es in meinem Bewusstsein auf. *„Es ist kein Zufall, sondern das Ergebnis einer kontinuierlichen Entwicklung. Und doch ist es gleichzeitig ein neuer Anfang. So wie ich schon einen langen Weg hinter mir habe, bevor ich durch das Tor der Quelle die Dunkelheit verlasse und ans Licht komme, so hast auch du schon viele Erfahrungen und Prozesse hinter dir. Und dennoch stehen wir am Anfang eines neuen Weges – gleichsam eines neuen Lebensabschnittes."*

Ich frage mich, was das wohl zu bedeuten habe, kann mir jedoch keinen rechten Reim darauf machen. Doch instinktiv weiß ich, dass dieses Erlebnis prägend sein würde für mein weiteres Leben. Es kommt mir vor, als hätte sich ein neues Tor geöffnet – gleich der Quelle. Was mag wohl dahinter auf mich warten?

Am Bächlein

Einen Monat ist es nun schon her, seit ich an der Quelle war. Seitdem hat sich einiges in meinem Leben verändert. Wir sind auch umgezogen; und dies ging ziemlich rasch: Kurz nach meinem Besuch bei der Quelle, schaute ich wieder einmal die Wohnungsangebote in der Zeitung durch – wir waren schon seit einiger Zeit auf der Suche nach einem neuen Zuhause –, als mir plötzlich ein ganz bestimmtes Angebot ins Auge stach. Es war mir unerklärlich, jedoch wusste ich mit innerer Sicherheit, dass ich das richtige Haus gefunden hatte. Dies bestätigte sich dann auch nach der ersten Besichtigung. Wir bekamen das Haus und innerhalb von drei Wochen war dann alles organisiert und der Umzug durchgeführt.

Was mir – und auch meiner Familie – auf Anhieb am besten an diesem Ort gefallen hat, ist ein schmales Bächlein am unteren Rande unseres Gartens. Auf der gegenüber liegenden Seite steht eine mächtige Weide, die den Bach majestätisch überragt. Sie verbreitet eine erholsame Ruhe, während gleichzeitig das Bächlein über eine ihrer kräftigen Wurzeln fließt und sich gurgelnd und plätschernd über diesen Miniwasserfall 20 Zentimeter in die Tiefe ergießt. Weitere wunderschön gewachsene Weiden in unmittelbarer Nähe verleihen diesem Ort eine lebendige und kraftspendende Atmosphäre.

Ich empfinde dies als ein Geschenk des Himmels. Beinahe jeden Abend sitze ich nun an diesem Bächlein und lausche seinem munteren Plätschern. Selbst der größte Alltagsstress fällt nach einigen Minuten wie von selbst ab. Ruhe kehrt ein. Die Gedanken beginnen sich zu ordnen; ich kann wieder tiefer atmen. Hier spüre ich den Odem des Lebens, beim sanften Plätschern des Bächleins, unter den leise schwingenden Ästen der Weide und dem vielstimmigen Rascheln der Blätter – auf einem Stein am Ufer sitzend.

Es ist Sonntag. Ich habe mich heute schon am Nachmittag zum Bächlein begeben. An diesem

Am Bächlein

herrlichen Frühlingstag, an dem man den Pflanzen beinahe beim Wachsen zusehen kann, und der Raum erfüllt ist vom Gesang der Vögel, zieht das Erlebnis an der Quelle wieder durch mein Bewusstsein. – Ein Neuanfang sei dies. Ich kann damit jedoch immer noch nicht sehr viel anfangen. Sicher, da ist der rasche Umzug an diesen wirklich angenehmen Ort. Und seit diesem intensiven Erlebnis, habe ich irgendwie eine neue Beziehung zur Natur und auch zu anderen Dingen, vor allem jedoch zum Wasser. Auch bin ich insgesamt um einiges ruhiger geworden. Irgendwie kommt auch immer mehr ein Gefühl des Vertrauens auf – Vertrauen darauf, dass alles zur rechten Zeit auf die rechte Art und Weise geschieht. Wie oft hatte ich mich ungeduldig gequält, wenn die Dinge nicht so liefen wie ich es erwartet hatte. Jetzt bin ich weit gelassener in vielen Alltagssituationen. Dennoch lässt mich die Frage nicht los, welche Veränderungen da wohl auf mich zukommen würden – wohin mich mein Weg nun führen wird.

„Weißt du es, Bächlein?" frage ich seufzend, ohne eine jedoch Antwort zu erwarten. Jedoch, die kommt prompt:

„Die Frage des Wohin stellt sich nur sekundär. Auch das Meer ist nicht das Ende meines Weges. Entscheidend ist der Weg selbst. Die Erfahrungen, die du dabei machst. Es ist ein Weg in dein eigenes Inneres. Du hast bereits viel Wissen erworben, mehr als die meisten auf deinem Fachgebiet. Vieles verstehst du intuitiv. Und dennoch fühlst du dich wie ohnmächtig. Du spürst, dass du dieses Wissen weitergeben und einsetzen solltest. Jedoch kommt es dir vor, als sei dies alles nur eine Hülle, nicht das Eigentliche. Obwohl du schon viele Vorträge gehalten und eine Menge geschrieben hast, fühlst du dich dennoch unfähig, etwas wirklich Substantielles zu sagen oder zu schreiben. Dein bisheriges Wissen kommt dir nun so oberflächlich vor."

Der Nagel war auf den Kopf getroffen. Besser hätte man mein Unwohlsein der letzten Zeit nicht auf den Punkt bringen können. Auf einmal sehe ich dies ganz klar. Ich schlucke ein paar Mal.

Am Bächlein

„*Es kommt dir oberflächlich vor, weil sich in dir tiefere Dimensionen zu öffnen beginnen. Du begreifst, dass es nicht mehr darauf ankommt über die Dinge, die Natur, das Wasser zu reden und zu schreiben – gleichsam von außen als unbeteiligter Betrachter. Vielmehr kommt es nun darauf an, in die Natur einzutauchen, bewusster Teil des Lebens zu sein. Du erfährst jetzt, dass es möglich ist, mit der Natur zu kommunizieren. Das ist eine völlig andere Erkenntnisweise als das intellektuelle Studium; es ist das Leben selbst, das hier der Lehrmeister ist. Du beginnst in die Fülle und den Reichtum des Seins einzutauchen. Gegen diese Weisheit und Tiefe erscheint dein bisheriges Wissen oberflächlich.*"

Ich bin von einem befreienden Gefühl durchdrungen – endlich wird mir einiges klarer. Gleichzeitig jedoch beginnt mich eine dunkle Angst zu beschleichen. Was erwartet mich, wenn ich mich darauf einlasse? Insgeheim spüre ich, dass mir nicht nur Erfreuliches begegnen würde.

„*Du brauchst keine Angst zu haben. Du wirst nur dir selber begegnen. Das wird sicherlich nicht immer angenehm sein.*

Doch du gehst diesen Weg nicht zum ersten Mal. Es gilt nun, die verborgenen Schätze zu heben, die du in vielen Inkarnationen in deinem Seelenspeicher angesammelt hast – und sie für viele nutzbar zu machen. Jetzt ist die Zeit dafür, da nun immer mehr Menschen bereit sind, die tieferen Zusammenhänge zu verstehen.

In vergangenen Zeiten war dies nicht so leicht. Ja, du wurdest sogar eingesperrt, gefoltert und getötet dafür, dass du dich für die von dir im Inneren erfahrene Wahrheit eingesetzt hast. Dieser Schmerz hat sich tief in dein Unterbewusstsein eingegraben und macht dir jetzt Angst. Doch die Zeiten haben sich geändert; die Wahrheit ist nicht mehr aufzuhalten. Immer mehr Menschen geben sich nicht mehr zufrieden mit dem, was ihnen tagtäglich vorgesetzt wird. Sie verlassen die starren Hüllen der Religionen und suchen neue Wege. Die Macht der Institutionen, welche die Wahrheit Jahrhunderte lang unterdrückten, schwindet – und viele Pflanzen des freien Geistes dringen unaufhaltsam an die Oberfläche. "

Das war also die Erklärung meiner unterschwelligen Angst und gleichzeitig meiner nicht mehr zu unterdrückenden inneren Unruhe. Ich hatte mich schon lange von der Kirche getrennt. Obgleich ich in meiner Jugend ein sehr engagierter Kirchgänger gewesen war, war ich doch – nach einer intensiveren Beschäftigung mit Theologie und Kirchengeschichte in meiner Studienzeit – aus der Kirche ausgetreten. Die Starrheit der Riten und Zeremonien, die absurden Dogmen, die bis heute aufrecht erhalten werden, die ungeheuerlichen Verbrechen der Kirchengeschichte, die bis in die jüngste Zeit hineinreichen, und vieles mehr hatten mich schließlich veranlasst, dem Katholizismus den Rücken zu kehren.

Zwar hatte ich mich auch intensiv mit Mystik beschäftigt; jedoch gab es die mystische Erfahrung auch in den anderen Religionen. Weshalb sollte ich mich da an eine bestimmte Glaubenslehre binden, die noch dazu über weite Strecken genau das Gegenteil von dem praktizierte, was sie lehrte?

Auf meiner Suche, wie und wo ich das Ideal der Liebe – denn das schien mir die Essenz aller Religiosität zu sein – verwirklichen konnte, besuchte ich auch verschiedene freikirchliche Bewegungen. Ich interessierte mich für andere Religionen und Weltanschauungen – doch nirgends fühlte ich mich am richtigen Platz. Bei einer Gemeinschaft, welche sich als überkonfessionell gab, blieb ich allerdings doch einige Zeit hängen. Das Bestreben, die christlichen Werte in die Praxis umzusetzen, sei es in einer ökologischen Landwirtschaft, ganzheitlichen Medizin oder spirituell geprägten Erziehung, hatte mich angesprochen. Ich hatte mich daraufhin sehr engagiert und fühlte mich als Pionier, da diese Projekte gerade am Entstehen waren. Je näher ich jedoch der Führungsspitze kam, ja selbst darin aufgenommen wurde, und je mehr Zeit verstrich, umso mehr wurden die immanenten Machtstrukturen mit all ihren subtilen und teilweise hinterhältigen Facetten offenbar und spürbar. Deshalb trennten sich unsere Wege schließlich, und ich beschloss, mich nie wieder an eine religiöse Gemeinschaft zu binden – vor allem jedoch, nicht mehr so ohne weiteres eine scheinbare Autorität anzuerkennen beziehungsweise ihr zu folgen, insbesondere im religiösen Bereich.

Am Bächlein

„Dies waren schmerzvolle, jedoch essentielle Erfahrungen in deinem Leben. Sie mussten sein, damit du dich endgültig und ganz bewusst aus diesen Strukturen und Glaubensgebäuden verabschiedest. Es ist gut, dass es überall diesen geistigen Aufbruch gibt, dass Menschen die Dinge hinterfragen und sich in ihr Inneres begeben. Durch die ständig steigende Zahl dieser Bewegungen und Lehren hat jeder die Gelegenheit, auszubrechen aus den alten, verfahrenen Strukturen und geistig frei zu werden.

Jedoch sind noch viele Menschen darunter, die nach wie vor in ihren über Jahrtausende hinweg gepflegten Machtprogrammen gefangen sind und von diesen immer noch beherrscht werden. Dies wiederum kann viele Menschen erneut binden und abhängig machen. Was häufig unter dem Deckmantel von Freiheit und Liebe verkauft wird, hat oftmals in der Praxis nicht viel damit zu tun. Hierbei finden die Verstrickungen meist ganz subtil und lange Zeit unbemerkt statt. "

Dem kann ich aus meiner eigenen Erfahrung nur zustimmen. Ich habe Jahre gebraucht, bis ich nach und nach die subtilen Abhängigkeiten durchschaut hatte; vor allem jedoch, bis ich die feinen Programme und Denkmuster, die sich in mein Unterbewusstsein eingenistet hatten, wieder los hatte.

Auch wenn es wohl insgesamt wichtige Erfahrungen für mich gewesen sind, so schaudert es mich dennoch, als diese Gedanken auftauchen. Bei dem Versuch, mich von den inneren Fesseln dieser Gemeinschaft zu lösen, war ich dann auch erst einmal in eine Art Gegenreaktion verfallen: Ich wandte mich fast gänzlich ab von geistigen, spirituellen Fragen. Vor allem jedoch – und das was fatal – traute ich meinem eigenen Inneren nicht mehr. Ich hörte auf zu meditieren, obwohl dies von Jugend an für mich wichtig gewesen war.

Nun jedoch wird mir schmerzlich bewusst, dass mir die ganze Zeit etwas Wesentliches gefehlt hat: die Tiefe in meinem Leben. Ich komme mir vor wie ein Fisch, der nur an der Wasseroberfläche herumschwimmt, anstatt sich in den Weiten und Tiefen des Gewässers, in dem er sich befindet, zu bewegen.

„Das war ein Schutzmechanismus, der so lange nötig war, bis du wieder stabil warst. Du spürst jetzt, wie diese Reaktion

sich zur Blockade verfestigt hatte – wie dadurch der Zugang zu deinen inneren Reichen verschlossen wurde. Da du jedoch bereits früher intensive innere Erfahrungen gemacht hattest, hast du diese Blockierung und Trennung in dir im Laufe der Zeit immer schmerzhafter empfunden. Das ist der eigentliche Grund für die wachsende innere Unzufriedenheit und Verzweiflung in den letzten Monaten. Dein Herz will frei sein von dieser Blockade. Dein Wesen will wieder ganz sein – nicht nur an der Oberfläche leben, sondern auch die Tiefen und Weiten des Bewusstseins und der Erfahrung ausschöpfen."

Ja, genau das wollte ich. Und die intensive Naturerfahrung, vor allem hier am Wasser, eröffnete mir nun einen neuen Weg.

Mich hatten schon immer jene Aussagen von Mystikern und anderen weisen Menschen angesprochen, die sagten, dass Gott überall und in allem ist. Seit Kindheit an fühlte ich mich Gott – nennen wir ihn einfach einmal so – näher, wenn ich in der Natur war, nicht in Kirchen und sogenannten „Gottesdiensten". Wenn ich spazieren ging und den Duft der Blumen und Bäume in mich einsog, wenn ich die Schmetterlinge im Sommerlicht tanzen sah, wenn ich am Bach saß und den Wellen zuhörte… – dann hatte ich ein Gefühl des inneren Verbundenseins, der Stille, des Friedens, der inneren Freude. Und sind dies nicht Erfahrungen, die weise Menschen schon immer als Gotteserfahrung beschrieben haben?

„Ich freue mich, dass diese Erfahrungen nun wieder in dir lebendig werden. Ja, der Geist Gottes ist in allem, was ist. Nichts wäre ohne ihn. Wir alle, du und ich, sind Form gewordener Geist. Er ist das Leben, das alles durchflutet. Er ist die Essenz in allem, die Energie, die alles nährt und aufrechterhält.

Und da dieser Geist des Lebens in allem ist, ist er auch in allem erfahrbar, also auch in dir und in mir. Deshalb kannst du bewusst mit dem Geist, der Intelligenz in allem, kommunizieren. Eigentlich ist dies das Normalste der Welt; die ganze Natur tut dies ständig und ohne Unterlass. Nur der Mensch hat sich von der Natur entfremdet – vor allem jedoch von seiner eigenen, von seinem wahren Selbst und MenschSein – und ist somit in der Regel nicht mehr in der Lage, mit dem Geist in allem zu kommunizieren."

Am Bächlein

Statt dessen gibt es Religionen, Ideologien und Menschen, die behaupten, dass man zu Gott nur durch sie komme; die sich zum Teil noch fanatisch bekämpfen und versuchen, sich gegenseitig auszulöschen – statt das, was sie predigen, auch zu tun. Gibt es Wissenschaftler, die Massen von Büchern studieren und Berge von Wissen anhäufen, die analysieren und theoretisieren – statt Weisheit durch Erfahrung zu erlangen. Gibt es Technologien und Industrien, welche die Natur ausbeuten und zerstören, bis an den Rand der globalen Selbstvernichtung – anstatt sich ehrfürchtig der Natur zu nähern, der Mutter Erde, die uns alle beherbergt und nährt, und von ihrer Weisheit zu lernen...

Ich bin niedergeschmettert ob dieser enormen Tragweite. Würde der Mensch bewusst mit der Natur leben und in der Lage sein, mit der allem innewohnenden Intelligenz zu kommunizieren, sähe die Welt jetzt anders aus.

„Du hast Recht, mein Freund – jedoch bedenke: Alles ist Entwicklung. Und gegenwärtig ist die Menschheit in eine

bedeutende Phase eingetreten: Ihr seid einerseits dabei, die Mutter Erde so zu zerstören, dass ihr eure eigene Lebensgrundlage vernichtet. Andererseits – und gerade weil sich die Situation zuspitzt – denken immer mehr Menschen um, versuchen mit *der Natur zu leben, versuchen gar die Erde wieder zu heilen. Je mehr die Ausmaße der Zerstörung sichtbar werden, umso mehr Anstrengungen werden unternommen, um die Erde und die Menschen zu retten. – So birgt diese Zeit also auch eine große Chance in sich."*

Stilles Wasser

Knapp eine Woche nach diesem Gespräch, erlebte ich etwas für mich zutiefst Schockierendes. Nach einem anstrengenden Arbeitstag wollte ich mich wie üblich zum Bächlein begeben, um zunächst einmal abzuschalten und zu entspannen. Irgendwie war ein komischer Tag gewesen; ich fühlte mich energielos und nichts lief so richtig. Auch die Leute, die mir in der Stadt begegnet waren, schienen unfreundlicher zu sein als sonst.

Ich ging also zum Bächlein. Als ich aus der Tür trat, traute ich jedoch meinen Augen nicht: Einige der wunderschönen großen Weiden, die das Bächlein gesäumt hatten, waren – weg, abgesägt, lagen in viele Einzelteile zerstückelt am Boden. Eine gähnende Leere tat sich vor mir auf… Zum Glück war meine Lieblingsweide unversehrt geblieben; und eine weitere, in etwa 20 Metern Entfernung, war ebenfalls verschont geblieben. Sprachlos setze ich mich ans Ufer des Bächleins und starre hinein.

„Auch ich vermisse die Bäume. Sie sind nicht nur wichtig für den Sauerstoff, der für alle Lebewesen lebenswichtig ist. Sie sind auch Heimat vieler Tiere und ein wichtiger Teil des Ökosystems. Bäume am Ufer sind zudem wichtig als Schutz vor zu viel Sonne, was sich sonst nachteilig auf die Temperatur, auf die Lebewesen und das ganze Gleichgewicht im Wasser auswirken würde. Und diese drei Weiden an meinen Ufern standen nicht zufällig da. Sie erfüllten verschiedene Aufgaben, die für die ganze Umgebung wichtig waren. Auch speicherten sie mein Wasser in ihrem gewaltigen Wurzelwerk und den unzähligen Ästen, Ästchen und Blättern. Es wäre nicht verwunderlich, wenn ich aufgrund des Fehlens dieser Bäume künftig des Öfteren mein Bett verlassen und mich in die Umgebung ergießen müsste."

Der Verlust ist also nicht nur ein optischer, sondern hat auch seine tiefere ökologische Bedeutung. Nicht umsonst nehmen ja seit Jahren die Überschwemmungen zu und scheinen immer heftiger zu werden. Sicherlich hat dies eine ganze Reihe von Ursachen. Die meisten jedoch scheinen ganz klar hausgemacht – will heißen: menschengemacht – zu sein.

Stilles Wasser

Einige Zeit später – es war ein Regentag – hörte ich am frühen Morgen einen ohrenbetäubenden Lärm. Ich schaute aus dem Fenster – und traute meinen Augen nicht. Da machten sich doch zwei Leute an den beiden restlichen Weiden zu schaffen; die größten Teile waren schon abgesägt. Wütend stürmte ich durch den strömenden Regen hinunter zum Bach und stellte die beiden zur Rede. Sie würden nur tun, was ihnen vom Bürgermeister aufgetragen worden sei. Ich lief zum Telefon und wählte zigmal die Nummer der Gemeindeverwaltung; doch niemand hob ab. Als ich wieder zum Bach zurückkehrte, war von beiden Bäumen nur noch jeweils ein ungefähr drei Meter langer Stummel übrig. Ich gestehe, insgeheim wünschte ich dem Bürgermeister einige nicht gerade schöne Dinge.

Tagelang war ich von Wut erfüllt. Auch wenn das Bächlein dem Papier nach der Gemeinde des Ortes „gehörte", empfand ich diesen Abschnitt doch immer als zu mir gehörig. Ich fühlte den Verlust wie eine persönliche Verletzung, einen Angriff auf meine Privatsphäre. Ein wesentlicher Teil meiner Lebensqualität war mutwillig zerstört worden.

Doch diese Wut trennte mich – und das ist eine weitere schmerzliche Erfahrung – von meinem Inneren, das nun aufgewühlt war wie ein sturmgepeitschter See. Und so war ich auch nicht in der Lage, mit dem Bächlein zu kommunizieren.

Es dauerte eine Weile, bis ich mich wieder gefangen hatte und etwas Abstand bekam. Knapp zwei Wochen später saß ich wieder am Wasser und starrte in das stete Fließen. Mit der Zeit kamen die Gedanken zur Ruhe und verebbten schließlich – ich lauschte einfach dem Plätschern des Bächleins.

„Auch wenn die Situation sehr schmerzlich ist, so hat es keinen Sinn, daran fest zu hängen. Das Leben geht immer weiter; die Natur sucht sich immer neue Wege. Auch das Wasser bleibt nicht stehen. Ich fließe immer weiter; ich nähre weiterhin die Erde, Pflanzen und Tiere.

Du hast die Erfahrung gemacht, dass dich heftige Emotionen trennen von deinem inneren Empfinden. Aufgewühlt wie du warst, konntest du nicht mehr die feinen Schwingungen in dir vernehmen — und damit auch mich nicht. Es wäre daher gut, mehr Gleichmut zu lernen und dich nicht zu lange mit negativ erscheinenden Ereignissen aufzuhalten — sondern vielmehr zu versuchen, den Sinn darin zu ergründen. Kannst du den Sinn erfassen, das Positive in der Situation sehen, dann gewinnst du Abstand und die Wogen der Emotionen können sich rascher glätten. Solange du gegen etwas ankämpfst, kommst du nicht voran. Nur wenn du lernst, einen höheren Standpunkt einzunehmen, stehst du über den Dingen. Du wirst dann nicht mehr von ihnen bewegt und getrieben, sondern bist wieder du selber, ruhig und souverän denkend und handelnd.

Versuchst du also in den jeweiligen Situationen inne zu halten, bevor sie dich emotional herunterziehen oder Gedankenkreisel in Gang setzen, und nach dem immanenten Sinn zu fragen, stellst du dich über die Situation und bekommst dadurch einen gewissen Abstand. Dadurch wird das Bewusstsein nicht getrübt, sondern kann vom inneren Licht erleuchtet werden — und der Sinn wird sichtbar, klar erkennbar und erfassbar."

Das waren wunderbare Worte. Jedoch war das leichter gesagt als getan. Denn es sollte noch dicker kommen. Nicht lange nach diesem Vorfall, ging ich wieder zum Bächlein. Eine beängstigende und irgendwie unnatürliche Ruhe – besser gesagt: Leere – kam mir entgegen. Wo war das Gurgeln und Plätschern, das mich sonst immer schon aus einigen Metern Entfernung begrüßte? Totenstille – selbst der Wind schien den Atem anzuhalten. Was war geschehen?

Am Bächlein angelangt sah ich das Desaster: Die dicke Wurzel der Weide, die dem Bächlein als Stromschnelle gedient hatte, war weg – abgehackt. Das Wasser, dessen Oberfläche sich vorher lebendig gekräuselt und sich dann plätschernd über die Weidenwurzel ergossen hatte, um dann beschwingt weiter zu strömen, bewegte sich nun langsam und träge, wie tot, dahin. Schockiert suchte ich meinen Stein, um mich zu setzen; doch der lag am anderen Ufer. Eine Weile stand ich erstarrt da; ich konnte es einfach nicht fassen.

Doch dann packte mich eine wilde Entschlossenheit – ich lasse mir doch nicht einfach alles gefallen! Mit einem Satz sprang ich auf die andere Seite und wuchtete den Stein wieder an seinen alten Platz.

Stilles Wasser

In mich versunken und den Tränen nahe sitze ich nun wieder auf meinem Stein. Ich entschuldige mich beim Baum und auch beim Bächlein für diese Untat und teile dem Wasser meinen inneren Schmerz mit. Als ich mich nach einiger Zeit beruhigt habe, höre ich in mir das leise Flüstern:

„Auch wenn dies sehr bedauernswert ist, so bin ich doch dasselbe Wasser, derselbe Bach. Auch wenn dies ein Eingriff ist, welcher die biologische Qualität vermindert, ich stehe über den Dingen. Als Bach mag ich auf dich wie tot wirken; dennoch bin ich voller Leben und werde weiterhin vielen Wesen als Lebensspender dienen – selbst wenn ich diese Aufgabe als Wasser aufgrund der kurzsichtigen Eingriffe der Menschen nicht mehr in vollem Umfange und insgesamt immer weniger erfüllen kann. Doch irgendwann gehe ich wieder als Sieger hervor.

Es gibt keinen Stoff, den ich nicht mit der Zeit lösen, auflösen kann. Selbst der härteste Fels muss sich im Laufe der Zeiten geschlagen geben. Und so wird auch die Zeit kommen, in der ich als Wasser wieder vollständig regeneriert bin, und wenn dies Tausende von Jahren dauern und der Mensch dann nicht mehr auf der Erde leben sollte.

Gespräche mit AQUA

Zwar schreitet die Zerstörung der Natur, die Vergiftung von Boden, Luft und Wasser in rasantem Tempo fort; jedoch gibt es auch immer mehr Menschen, die dem bewusst entgegen treten. Schon alleine, dass du Anteil nimmst an diesem Geschehen, deine mitfühlenden Empfindungen, deine Gedanken und Worte, die mit mir sind, sind für mich aufbauend und stärkend. Ich nehme alles in mich auf — auch das, was du mir zusendest. Ich trage es mit mir weiter — und vielleicht finden diese Schwingungen Hunderte von Kilometern weiter eine Resonanz in einem anderen feinfühlenden Menschen, der plötzlich eine innigere Beziehung zu mir entwickelt."

Zwar ist mir bewusst, dass Wasser alle Arten von Schwingungen in sich aufnehmen und speichern kann, jedoch habe ich mir nie ernsthaft Gedanken darüber gemacht, welche Konsequenzen das haben könnte, was ich dem Bach erzählte. All die Verzweiflung, den Ärger, die Sehnsüchte, was ich in vielen Jahren — seit meiner Kindheit — immer wieder dem Wasser anvertraut hatte…

Ich spüre eine tiefe Reue in mir aufsteigen. So wie die oberflächlich denkenden Menschen das Wasser äußerlich schädigen, so habe ich dies immer wieder in Gedanken getan. Was mochten all diese Empfindungen und Worte, die das Wasser mit sich fort getragen hat, bei anderen bewirkt haben?

Mich schaudert, als mir zum ersten Mal richtig bewusst wird, welche Tragweite, die eigenen Empfindungen und Gedanken zu haben vermögen.

„Du brauchst dir keine Vorwürfe zu machen. Ich verurteile dich nicht. Es ist gut, wenn dir die Tragweite deiner Empfindungen und Gedanken bewusst wird. Diese werden jedoch nicht nur im Wasser gespeichert, sondern vor allem in dir selbst, in deinem Unterbewusstsein, in deiner Seele – und auch im Universum.

Du strahlst permanent aus, was du bist, also deine Empfindungen, Gedanken, Gefühle, Worte und Handlungen. Du bist kein isoliertes Wesen, sondern stehst beständig mit allem, was ist, in Beziehung. Du bist Sender, jedoch auch Empfänger. Und alles, was miteinander aufgrund einer gleichen oder ähnlichen Schwingung miteinander in Resonanz tritt, steht miteinander in Kommunikation. "

Mir wird fast schwindlig bei diesen Worten. Das sind ja kosmische Ausmaße. Und eine Verantwortung, die mir fast den Atem raubt. Doch sofort steigen in mir die tröstenden Worte auf:

„Wichtig ist es, dir dieser Tatsache bewusst zu werden und verantwortlich zu leben. Ein positiver Gedanke, eine Empfindung der Liebe und Einheit, der Wille zu Versöhnung und Heilung, ein Leben mit der Natur – das sind weitaus stärkere Kräfte. Sie vermögen wahrhaft die Welt zum Guten zu verändern. Die Grundeinstellung ist wesentlich und entscheidend."

Getröstet und mit einem innigen Gefühl der Liebe, das mich nun von allen Seiten gleichzeitig zu durchströmen scheint, fühle ich eine neue Kraft in mir aufsteigen; eine Kraft, die sich schließlich in den Willen und die Entschlossenheit formt, die augenblickliche Situation so nicht zu akzeptieren, sondern etwas dagegen zu unternehmen.

So steige ich in das Bächlein und suche mit meinen Händen, den Grund durchwühlend, nach Steinen; am gegenüber liegenden Ufer liegen auch noch einige. Ich schichte sie sorgfältig aufeinander, exakt an der Stelle, wo vorher die Baumwurzel war.

Und nach einer Weile ist wieder das freudige Glucksen und Plätschern des Bächleins zu hören. Ein erhebendes Gefühl durchströmt mich. Ich habe nicht aufgegeben, mich nicht abgefunden mit einer unbefriedigenden Situation, war nicht frustriert und grollend von dannen gezogen, sondern hatte aktiv etwas dagegen getan. Stolz betrachte ich nun meine kleine Stromschnelle, die das Bächlein gleichsam wiederbelebt hat. Ich spüre ein leises „danke" in mir aufsteigen und in meinem Bewusstsein widerhallen.

Die Geschichte hat jedoch noch eine Fortsetzung. Eines Nachts gab es ein fürchterliches Gewitter und es regnete in Strömen. Am nächsten Morgen wurde dann das Ausmaß dieses Wolkenbruchs offenbar. Die Gartengrundstücke auf der anderen Seite des Bächleins waren teilweise unter Wasser. Das hatte zur Folge, dass der Gartenbesitzer des Grundstücks auf der anderen Seite des Bächleins wütend die von mir errichtete Stromschnelle zerstörte; sie sei schuld an der Überschwemmung. Dabei hatte es in der Vergangenheit solche Überschwemmungen immer wieder gegeben hatte, wie ich von Nachbarn erfuhr. Ich sah ganz andere Ursachen für dieses Desaster – und so arrangierte ich die Steine wieder neu. Jedoch, alles, was ich – und auch andere Kinder und Erwachsene – im oder am Bächlein errichtete, selbst meine Sitzgelegenheit am Ufer, wurde immer wieder mutwillig zerstört. Schließlich resignierte ich.

So ging ich immer seltener zum Bächlein. Ich fühlte mich meiner Intimsphäre beraubt; die vormals so positive Ausstrahlung und Lebensqualität dieses Anwesens hatte dramatisch abgenommen. Und so lag es auf der Hand, dass wir schließlich kündigten und uns nach einer neuen Wohnung umsahen.

Dadurch, dass ich kaum noch an das Bächlein ging, hörte ich schließlich auch auf, mit ihm zu kommunizieren. So wurde auch das intensive Naturempfinden, das sich vorher in mir entwickelt hatte, allmählich immer schwächer. Ich verfiel in einen dumpfen Trott, in ein oberflächliches Leben.

Und schon bald war die Erfahrung der inneren Kommunikation mit dem Wasser in mir verblasst. Ja, es stiegen Zweifel in mir auf, ob das wirklich reale Erfahrungen gewesen waren oder einfach Hirngespinste. Ich wusste nicht mehr, was ich von all dem halten sollte.

Wolken

Ich sitze vor einem leeren Blatt Papier, will Ordnung in meine aufgewühlte Gedanken- und Gefühlswelt bringen. Wie ein diffuser Brei kreisen die Gedanken, die immer wieder in einen undurchsichtigen Sumpf von undefinierbaren Gefühlen eintauchen. Ich blicke aus dem Fenster und starre in den Himmel. Die düsteren Wolken scheinen meinen Gemütszustand widerzuspiegeln. Überhaupt hatte ich schon häufiger den Eindruck, als ob das Wetter meiner Stimmungslage entsprechen würde.

„Du bist nicht getrennt von der Natur, sondern du bist und bleibst ein Teil davon!"

Ich bin überrascht; ich weiß nicht, woher diese Gedanken auf einmal kamen. Ich blicke wieder auf die Wolken; diesmal taucht mein Blick förmlich in sie ein. Sie erscheinen mir nun nicht mehr als eine undefinierbare, bedrohliche Masse, sondern als leicht und äußerst vielschichtig. Da sind große dunkle Flächen; davor wieder hellere Wolkenfetzen, die tiefer liegen und besonders schnell vorbei ziehen. Dazwischen wieder lichtere Stellen, an denen sich die Sonne durchzuarbeiten versucht… Und auf einmal spüre ich wieder dieses erhebende Gefühl, das ich so lange vermisst habe. Ich weiß plötzlich, dass mein inneres Unwohlsein vor allem auch damit zu tun hat, dass ich dieses Verbundensein mit der Natur eine ganze Weile nicht mehr in mir wahrnehmen konnte.

Ich spüre eine innere Erleichterung – und atme tief durch. Und da bricht plötzlich die Wolkendecke auf. Ein Stück blauer Himmel erscheint, umgeben von einem gleißend hellen Wolkensaum.

„Du bist niemals getrennt von der Natur. Wenn du die Einheit mit ihr nicht mehr wahrnimmst, so liegt dies daran, dass deine Gedanken und Gefühle sich gleichsam wie Wolken vor dein Inneres schieben. Sie verhindern, dass das klare Licht des Lebens dein Gemüt erhellt. Es ist die Trennung von deinem eigenen Wesen, das dich hindert, im Gefühl der Einheit zu leben. Dein innerer Schmerz und deine Verzweiflung sind der Schmerz und die Verzweiflung deiner Seele, welche in der bewussten Einheit leben möchte.

Wolken

Es ist der Ruf deines göttlichen Selbst, das sich nach Freiheit sehnt. Du bist ein ewiges Wesen, das auch als Mensch die Aspekte der Ewigkeit zum Ausdruck bringen möchte. Ja, das Leben ist ewig; du bist ewig. Nur die Formen wandeln sich. Der Erfahrungsgehalt nimmt dabei jedoch ständig zu; das ist Evolution – die beständige Weiterentwicklung des Wesens aufgrund von Erfahrung.

Aufgabe des Menschen ist es jedoch auch, den Reichtum seines ewigen Wesens und die Weisheit, welche die Seele im Laufe oftmals vieler Inkarnationen durch vielfältigste Erfahrungen gewonnen hat, in das augenblickliche Dasein zu tragen. Dadurch können andere Wesen lernen, ihre eigenen Erfahrungen machen. Gleichzeitig entwickelt sich das kollektive Bewusstsein der Menschheit sowie des gesamten Universums weiter. Das ist kosmische Evolution – die Selbst-Entfaltung der ewigen Einheit durch die beständige Weiterentwicklung der Formen und Wesen. Die Natur gibt Zeugnis davon, im Mikrokosmos wie im Makrokosmos. Und dies gilt natürlich auch für den Menschen, der Teil der Natur und der kosmischen Evolution ist."

Na ja, wenn ich mir die Geschichte und den aktuellen Zustand unseres Planeten anschaue, habe ich da so meine Zweifel. Der Mensch als Rasse scheint alles zu zerstören: Er beutet die Erde aus, vergiftet Luft und Wasser; er führt permanent Kriege; ethische Werte scheinen mehr und mehr zu verfallen…

Ich schüttle den Kopf. Es fällt mir schwer, hier eine positive Evolution zu erkennen. Zu sehr stecken die vergangenen Erfahrungen und natürlich auch die Bilder und Berichte von Zerstörung, Terror und Krieg, die einem jeden Tag durch die Medien vermittelt werden, in meinen Gedanken fest.

Jedoch wird mir nun bewusst, dass ich mich damit ganz unmerklich in eine Art Opferrolle hineinmanövriert habe. Als ohnmächtiges Opfer fühle ich mich unfähig, irgendetwas gegen diese globalen und auch lokalen Machtstrukturen tun zu können.

„Du bist nicht ohnmächtig. Jeder Mensch ist ein Teil des Ganzen und trägt mit allem, was er denkt, fühlt und tut, zum Ganzen bei. Auch wenn eine Veränderung nicht sogleich sichtbar sein mag. "

Jetzt dämmern mir auf einmal wieder jene Worte hoch, die ich vor einiger Zeit am Bächlein wahrgenommen hatte; ich hatte sie völlig vergessen. Damals war mir die Tragweite meiner Gedanken und Gefühle bewusst geworden. Nun wird mir klar, dass ich mich die ganze Zeit über als Opfer gefühlt habe und resigniert in einen Strudel des Selbstmitleids versunken war. Vor allem schien ich immer weniger Energie zu haben. Selbstmitleid ist wirklich Gift! Das Paradoxe dabei ist, dass ich meinem Selbst dadurch keineswegs näher gekommen war, wie das Wort nahe zu legen scheint, sondern im Gegenteil von ihm getrennt war.

„Das ist die Möglichkeit des Menschseins – zu erfahren wie es ist, nicht mit sich selbst eins zu sein. Dieses Gefühl der Entfremdung von sich selbst und auch von der Natur mit all seinen Wesen und damit auch von dem ewigen Sein kann allerdings irgendwann zur Triebfeder werden, die einen Menschen zu einem Suchenden macht. Er begibt sich auf die Suche nach sich selbst; er sucht das Leben, das Beständige, Wahre, Gute, Schöne. Dieser Mensch entdeckt schließlich, dass er ein ewiges Wesen und seine eigentliche Natur spirituell ist – er also eine innere, geistige Verbindung mit allem, was ist, besitzt. Diese gilt es immer tiefer zu erfahren und ins tägliche Leben zu integrieren. "

In mir steigen Fragen auf: Ist bei diesem Prozess jeder alleine auf sich selbst angewiesen – oder gibt es hierbei auch Anleitung, Führung, Hilfe von außen? Traditionell ist dieser Bereich ja von der Religion belegt – können sie Wegweiser sein auf diesem Weg nach innen?

Zwar halte ich relativ wenig von den verschiedenen Religionen, von denen sich fast alle als allgemeingültig und mit Absolutheitsanspruch darstellen, und die fast ausnahmslos bis heute, zumindest in ihren fundamentalistischen Ausprägungen, für die blutigsten Gemetzel in vielen Ländern dieser Erde verantwortlich sind. Jedoch kann ich diese nun auch als Ausdruck dieser inneren Sehnsucht und Suche der Menschen begreifen, der Suche nach innerem Halt, nach Werten, die über einen selbst hinausgehen... Schade nur, dass dadurch so viele Menschen in das Zwangskorsett von Dogma und Institution gezwängt werden, welches meiner Meinung nach eine eigene innere Verbindung zum Göttlichen eher behindert als fördert. Deshalb verlassen ja gerade heutzutage so viele Menschen die etablierten

Religionen und wenden sich den vielen esoterischen Gruppierungen zu – oder sie wollen von Religion, genauer gesagt von Religiosität, überhaupt nichts mehr wissen.

„Vergiss auch nicht, dass in allen Religionen ein wahrer Kern ist. Alle haben ihre mystischen Traditionen, beinhalten also den Versuch, nach innen und zur Einheit mit Gott, zur Erleuchtung oder wie immer dies mit Worten benannt wird, zu kommen. Auch wenn die einzelnen Wege recht unterschiedlich sein mögen, so verweisen sie doch in ihrem eigentlichen und ursprünglichen Wesen auf ein gemeinsames Ziel.

Jeder ist an dem Ort und in der Religion oder Gruppierung, zu der bewusstseinsmäßig eine Resonanz besteht. Der eine braucht den Gemeinschaftsgeist, der andere das Zölibat. Jeder ist da solange – und das kann unter Umständen einige Leben lang sein – bis er die entsprechenden Erkenntnisse und Erfahrungen gemacht hat und dann bereit ist, weiter zu gehen: auf dem Weg zur vollkommenen Entfaltung seines eigenen göttlichen Wesens. Diesen kann letztlich jeder nur für sich alleine gehen – was jedoch eine freie Gemeinschaft mit Gleichgesinnten nicht ausschließt. Jedoch ist diese Selbstfindung eine wesentliche

Voraussetzung für eine echte, freie spirituelle Gemeinschaft – gleich ob diese Menschen physisch zusammenfinden oder sich einfach miteinander verbunden fühlen. "

Das ist eine großartige, völlig souveräne Betrachtungsweise. Sie gefällt mir. Damit wird automatisch jegliches Verurteilen hinfällig. Sicher, die Greueltaten sind in keinster Weise zu entschuldigen; jedoch eröffnet diese Sichtweise ein gewisses Verständnis für jene Menschen.

Eine Gemeinschaft von freien Menschen, welche sich aus einem inneren Verbundensein von selbst ergibt, ist eine ansprechende Vision. Sie würde darauf gründen, dass jeder auf seine Weise spirituell lebt und die Werte des Lebens und der Liebe lebt. Dies ist meiner Ansicht nach für alle Menschen möglich – weil in jedem ein göttlicher Kern ist, der wiederum eins ist mit dem ewigen Sein.

„Und dieser göttliche Kern ist in allem, was existiert – und darum auch von allen und in allem erfahrbar. Dazu braucht es keine jahrelange Askese oder mystische Versenkung – diese Gottes- oder Seinserfahrung ist in jedem Augenblick im alltägli-

chen Leben möglich. Wo immer ein inniges Verbundensein und Gegenwärtigsein stattfindet, besteht diese bewusste Einheit. Das ist die mystische Erfahrung im Alltag, die für jeden Menschen erfahrbar ist."

Am See

Der Alltag nahm mich erneut so in Anspruch, dass ich wieder eine ganze Weile keine bewusste innere Kommunikation mit der Natur mehr pflegte. Verschiedene Sorgen trübten zudem mein Bewusstsein. Und so ein Ort der inneren Ruhe, Kraft und Inspiration, welcher für mich das Bächlein am vorherigen Wohnort gewesen war, fehlte mir immer noch.

An einem der wenigen heißen Sommertage fuhr ich zu einem nahe gelegenen See. Als ich dort so in der Sonne lag und in die blauen Weiten des Himmels blickte, wurde mein Inneres allmählich ruhiger. Das leise Rascheln der Blätter der Weide, die da mächtig am Ufer stand, spiegelte meinen langsam versiegenden Gedankenstrom wieder.

Ich blicke auf den See; die Oberfläche erscheint mir wie ein übergroßer Spiegel, völlig glatt und bewegungslos, die Bäume und Sträucher der anderen Seite sowie den blauen Himmel reflektierend.

Gespräche mit AQUA

„Wenn sich die Wogen deiner Gedanken- und Gefühlswelt gelegt haben, kannst du eintauchen in die Tiefen des Seins, die sich dann deinem Bewusstsein erschließen. Sorgen und Ängste sind wie ein Sturm, der das Wasser aufpeitscht und einen klaren Blick zum Grund verhindert. Daher ist es wichtig, dass die Wogen in deinem Bewusstsein zur Ruhe kommen.

Spüre hinein in die Ruhe und den Frieden dieses Augenblicks. In dem See vor dir begegne ich dir. Die Oberfläche ist glatt und spiegelt klar die Umgebung wieder. Sieh die ruhig gewordene Oberfläche deines Bewusstseins nun als Spiegel deiner Gedanken und Gefühle, die dich noch vor kurzem so sehr bewegt haben. Warum warst du so unruhig, gehetzt?

Ist es nicht letztlich eine untergründige Angst? Angst heißt: mangelndes Vertrauen – letztlich immer mangelndes Vertrauen in das Leben. Warum machst du dir Sorgen – statt auf das Leben zu vertrauen, dass immer zu geben bereit ist?

Würde ich Angst haben, dass mein Zufluss aufhört, mich mit Wasser zu versorgen, hätte ich Angst auszulaufen, auszutrocknen, dann würde ich bestimmt nicht die erholsame Ruhe ausstrahlen, die du und so viele andere Menschen hier empfinden. Ich wäre von meinem Zufluss getrennt, wenn ich mein Be-

wusstsein auf die Form als See beschränken würde, anstatt mich als fließendes Wasser wahrzunehmen, das sich von der Quelle kommend über den Fluss in das Bett des Sees ergießt und diesen auch wieder verlässt. Wahrscheinlich würde ich mit einem solch eingeschränkten, auf die Form beschränkten Bewusstsein, tatsächlich austrocknen."

Ich bin beschämt. Ja, ich habe mich fast gänzlich mit meinem individuellen Dasein identifiziert, mir Sorgen über dies und jenes gemacht. Mein ursprüngliches Vertrauen war mehr und mehr geschwunden. Ich hatte vergessen, dass ich nicht aus mir selbst existiere, sondern dass mein Dasein eingebunden ist in das Leben selbst, aus dem ich bin und das mich erhält. – Ich beschließe, mir dies künftig immer wieder bewusst zu machen, auch damit es nicht selbstverständlich wird.

„Die Fische in mir, machen sich keine Gedanken. Sie sind von Wasser umgeben und kennen nichts anderes. Nur die Menschen steigen quasi an Land und wundern sich dann, dass sie vertrocknen. Alles ist durchdrungen und umgeben vom Leben selbst, von der unendlichen Energie, welche das All erfüllt und alles mit allem versorgt."

Als diese Worte in meinem Bewusstsein aufsteigen, fühle ich eine tiefe Ehrfurcht und zugleich Dankbarkeit vor dieser Größe – Dankbarkeit auch darüber, dass ich als Mensch, diese Zusammenhänge bewusst erkennen und erfahren kann.

„Dankbarkeit ist der Schlüssel, welcher das Bewusstsein des Menschen für den Strom des Lebens öffnet."

Am Fluss

Nachdem ich noch eine ganze Weile am Ufer des Sees gesessen und über diese Worte nachgedacht hatte, stand ich schließlich auf, um mich etwas zu bewegen. Ich lief um den See, bis ich bei seinem Auslauf ankam. Ein kleines Bächlein plätscherte heraus, das dann nach wenigen Metern in einen größeren Fluss mündete.

Ich stehe nun am Ufer des Flusses, der da mächtig dahinfließt. Kräftige Wellen schwappen ans Ufer, als ein Dampfer mit laut tuckerndem Motor vorbeifährt. Der Lärm des Schiffes zerschneidet die Stille und wirkt auf mich schmerzlich störend. Die Motoren und Schiffsschrauben empfinde ich gar als eine Vergewaltigung des Flusses. Es tut fast körperlich weh, aus der inneren Ruhe kommend, dieser äußeren Gewalt zu begegnen.

„Das Gleiche tust du deiner lichten Seele an, wenn du die innere Stille mit Sorgen und Ängsten, mit Ärger, Hektik und zu-

viel Stress zerstörst. Dann entsteht Unruhe in dir, Disharmonie, und die Gefühlswogen schwappen über – ja wirken sich entsprechend auch auf deine Umgebung aus."

Jetzt wird mir klar: Mit meinem wiederholten Aufgebrachtsein in der letzten Zeit habe ich nicht nur mich, sondern auch meine Umgebung drangsaliert. Mein Ärger über verschiedene Ereignisse hatte auch die vormals friedvolle Atmosphäre zuhause – wie die Schiffschrauben den Fluss – gestört. Das tut mir nun leid!

„Auch wenn die Technik des Menschen stört und verletzt, ich ertrage es – und fließe weiter. Ich heile mich von innen her, durch mein Fliessen, meine beständige Bewegung. Bleib auch du nicht stehen bei jenen Gedanken. Gehe weiter. Verbreite eine aufbauende und harmonische, liebevolle Stimmung – und dein Heim wird sich wieder erhellen. Du wirst es am Verhalten deiner Familie und deiner Mitmenschen erkennen."

Ich bin dankbar für diese aufmunternden Impulse und nehme mir vor, von nun darauf zu achten, dass ich meine Umgebung nicht mehr mit meinem Ärger und meinem Unmut belaste.

Am Fluss

„Kleine Wunden heilen schnell. Wenn jedoch über eine längere Zeit gleichsam in dieselbe Kerbe gehauen wird, baut sich nach und nach eine Belastung auf, die nicht so ohne Weiteres umgewandelt werden kann. Wenn beispielsweise nicht nur ab und zu ein Dampfer auf mir fährt, sondern es regelmäßig viele sind, und das über Jahre, und wenn dann noch weitere Belastungen wie Abwässer, Umweltgifte usw. hinzukommen – dann wird die Fähigkeit der Selbstregulation und Selbstheilung immer mehr geschwächt und ist dann eines Tages gänzlich überfordert, mit entsprechenden Folgen für Tiere, Pflanzen und die Umwelt.

So wie ein überfordertes Gewässer mit der Zeit krank wird – ebenso wie jedes andere Ökosystem auch – so wird es auch der Mensch, wenn er permanent innerem und äußerem Stress ausgesetzt ist beziehungsweise diesen selber produziert. Und darunter leiden dann auch die Umgebung und die sozialen Beziehungen, ja die Gemeinschaften, in die jeder Mensch eingebettet ist.“

Das ist einleuchtend. Ich denke an die vielen persönlichen und sozialen Probleme meiner Mitmenschen; und an die vielen Menschen, die an Allergien, Unrast, Schlaflosigkeit, Kopfschmerzen, Verdauungsproblemen, Störungen von Herz- und Kreislauf sowie Krebs leiden... Ich denke auch an die vielen belasteten Gewässer, bei denen das biologische Gleichgewicht gestört ist, mit den verschiedenen krankhaften Auswirkungen wie Veralgung oder Fehl- und Missgeburten bei Fischen, die man gerade erst beginnt zu erforschen bzw. öffentlich wahrzunehmen.

„Als Wasser nehme ich meinem Wesen nach alles auf: chemische Substanzen aller Art, ob diese nun giftig sind oder nicht; auch die Reste eurer Medikamente einschließlich der sich für Fische und andere Tiere katastrophal auswirkenden Hormone; auch den sogenannten Elektrosmog, der aus vielfältigsten Quellen stammt, nehme ich auf, weil die Struktur meiner Moleküle diese Schwingungen wie magnetisch anzieht... Ich kann mich nicht dagegen wehren – und nur einen Teil davon neutralisieren. Das wäre die Aufgabe der Verursacher.

Wenngleich die Zahl derer steigt, welche diese Zusammenhänge zu verstehen beginnen, sind doch die meisten Menschen, vor allem jedoch die Verursacher und Verantwortlichen, noch weit davon entfernt, diese schleichenden Verunreinigungen wahr zu nehmen und anzuerkennen, geschweige denn etwas dagegen zu tun. Dabei passiert mit den Menschen selbst genau dasselbe:

Am Fluss

Durch die zunehmende Zahl an Umweltgiften und den inzwischen allgegenwärtigen Elektrosmog wird das Immunsystem zunehmend geschwächt.

Der Mensch ist eben auch ein Wasserwesen – besteht er doch zum überwiegenden Teil aus dieser allen Lebensprozessen zugrunde liegenden Substanz. Nichts im menschlichen Organismus – weder der Nährstoff- oder Sauerstofftransport, noch der Abtransport von Stoffwechselprodukte oder irgendeine Nervenübertragung würde ohne Wasser funktionieren. Es ist wesentlicher Teil des körpereigenen Regulationssystems, welches auf die Reize der Umwelt reagiert.

Wird der Stress zu groß, so führt dies schließlich zu Fehlreaktionen, zur Überlastung. Es kommt zu Allergien aller Art; verschiedene Krankheiten – sogenannte ,Wohlstandskrankheiten' – sind immer häufiger die Folge. "

Auch wenn die Logik bestechend einfach ist, begreifen dies doch die wenigsten Menschen, einschließlich der Mediziner. Von Regierungen und Großkonzernen bezahlte Gutachter und vermeintliche Wissenschaftler, sollen die angebliche Unschädlichkeit von chemischen Stoffen, Medikamenten und

Elektrosmog „beweisen" – beziehungsweise wollen sich aus der Affäre und damit der Verantwortung ziehen; es gäbe ja noch keine Langzeitstudien. Letztlich wird dabei die Bevölkerung und die Natur als Versuchskaninchen in großem, kriminellem Stil missbraucht, wenn nicht gar bewusst geschädigt, damit die Macht- und Profitgier einiger Großkonzerne befriedigt und entsprechende Einnahmen und scheinbare Vorteile für die Regierungen generiert werden. Dabei sprechen die empirischen Fakten und unzählige alternative Untersuchungen seit Jahren eine klare und eindeutige Sprache.

Im Nebel

Es ist Spätherbst geworden. Die Tage werden nicht nur immer kürzer, sondern auch immer trüber. Bis nachmittags, manchmal auch den ganzen Tag über, liegen dicke Nebel über dem Land. Morgens ist man regelrecht eingetaucht in dieses unsichtbare Meer, das einen von allen Seiten umgibt, Bäume und Sträucher in unmittelbarer Nähe weichzeichnend, die weitere Umgebung im Unsichtbaren verschwinden lassend.

Oftmals findet eine solch trübe Stimmung auch in mir Resonanz. In mir scheint es dann ebenso verschwommen zu sein; die Energie ist wie zurückgedreht; Willens- und Tatkraft sind eingeschränkt. Dies wiederum verursacht in mir des öfteren einen inneren Druck: Einerseits gefällt es mir, dass alles etwas langsamer und bedächtiger geschieht – das Innere kann aufatmen; andererseits gilt es natürlich auch, meine Arbeit zu erledigen und meine täglichen Aufgaben zu erfüllen.

Wieder einmal starre ich aus dem Fenster, in den schier undurchdringlichen Nebel, innerlich gleichmütig eintauchend in das milchige Grau. Mir wird plötzlich bewusst, dass ja auch der Nebel Wasser ist – alles einhüllendes Wasser.

„Das ist richtig. Ich bin ein Meer aus Wasser und Luft, welche erfüllt und gefüllt ist mit unzähligen feinen Tröpfchen. Ich benetze alles und finde zu allem Zugang. Ein sichtbares Symbol bin ich für den Allgeist mit seiner unendlichen Energie, alles durchdringend und erfüllend – alles ist daraus entstanden und alles wird daraus erhalten."

Das trübe Nichts bekommt plötzlich etwas Majestätisches, Weites, Tiefes, die Unendlichkeit des Alls andeutend. – Und plötzlich erhellt sich die Atmosphäre und die Sonne durchbricht das Nebelmeer.

„Der Geist des Lebens ist immer und überall – auch wenn du ihn nicht wahrnimmst, weil dein Denken und Fühlen getrübt ist. Sein Licht ist sofort da, wenn du dich ihm zuwendest. Und erhellt dann dein Bewusstsein."

Ich fühle eine innere Freude und Kraft aufsteigen, wie ich sie seit einiger Zeit nicht mehr gespürt habe.

Und die neue Tatkraft will sich nun entfalten – was tun? Ich halte inne.

„Verfalle nicht wieder in einen Aktionismus, bei dem du zwar augenscheinlich viel schaffst, du am Ende jedoch total erschöpft bist. Verharre stattdessen in der inneren Stille, in dem inneren Gleichmut – und werde in dieser Grundeinstellung tätig. Dann vergeudest du nicht die wertvollen Energien, die nun in Gang gekommen sind, sondern lenkst sie kreativ, ohne sie zu verbrauchen. Du wirst erfahren, dass du von innen geleitet wirst; deine Intuition ist aktiv und zeigt dir, was am besten auf welche Art und Weise zu bewerkstelligen ist. In kurzer Zeit wirst du so sehr vieles schaffen – und bist hinterher nicht ausgebrannt, sondern glücklich und zufrieden.

Die scheinbare Trübheit des herbstlichen Nebels kann auf diese Weise helfen, ruhig zu werden, sich auf das Wesentliche zu besinnen, von innen her tätig zu werden. So wird aus der Untätigkeit ein wahres Werk.“

Ich erinnere mich an die östliche Weisheit: „Im Nichttun ist alles getan.“

„Ja, wenn das Drängen und Wollen zur Ruhe gekommen ist, kann der Strom des Lebens tätig werden und alles vollbrin-

gen. Es geschieht! Alles fließt – alles ist in Fluss, im Flow, wie ihr sagt."

Dies ist für mich allerdings eine ständige Herausforderung und Übung: das, was ich denke, dass getan werden sollte, zurückzustellen und erst einmal ruhig zu werden, um in der Lage zu sein, zu spüren, was *eigentlich* ansteht. Immer wenn ich dies schaffe, geht alles auf einmal wie von selber von der Hand. Eines ergibt sich aus dem anderen; es läuft wie geschmiert. Auch eventuell auftretende Schwierigkeiten sind schnell überwunden – es sind Aufgaben, die in diesem inneren Strömen meist rasch gelöst werden.

Reif

Der Nebel begleitete mich seit Wochen fast jeden Tag, vor allem am Morgen. Eines Tages bietet sich jedoch ein vollkommen neues Bild.

Ich blicke aus dem Fenster. Zwar hängt der Nebel immer noch über dem Tal; in der näheren Umgebung jedoch hat er sich bereits aufgelöst – oder sollte man besser sagen: verwandelt? In Billionen kleinster Kristalle an Bäumen, Sträuchern, Gräsern – als Reif.

Plötzlich bricht die Sonne hervor und lässt alles in einer blendend funkelnden Pracht erstrahlen. Was für ein Kontrast zu dem trüben Nebel zuvor. Die Natur scheint wie verzaubert zu sein. Jeder Grashalm wird betont, jedes Ästchen erhält nun eine neue Ausstrahlung, einen ganz ungewöhnlichen Glanz.

Mich hält nichts mehr; im Nu bin ich draußen, um die glitzernde Schönheit zu bewundern.

„Über Nacht kann alles anders werden, kann sich vieles verändern, verwandeln. So geschieht dies auch während der Schla-

fenszeit. Die Seele geht auf Wanderschaft, eventuell in lichtere Bereiche, in denen alles, was du als Mensch tagtäglich erfährst und dich oftmals betrübt, in einem neuen Lichte erscheint. Du erkennst dann den tieferen Sinn der Geschehnisse. Das scheinbar Betrübliche erscheint in einem neuen Glanz.

Wenn du dann nach dem Erwachen mehr in deinem Inneren bleibst und du dich nicht von der Schwere der Gedanken und Gefühle des Vortages oder des kommenden Tages berühren lässt, kann die Erleichterung weiterwirken – und du erkennst plötzlich das Positive in den zuvor belastenden Situationen.

Nichts geschieht umsonst – alles enthält einen tieferen Sinn, eine Aufgabe und ein Ziel."

Ich bewundere staunend die Gräser und die Blätter, die noch an den Sträuchern hängen und nun mit einer lichtvollen Aura im Sonnenschein erstrahlen. – Allmählich verändert sich jedoch die Szenerie: Der Reif auf den Blättern beginnt zu schmelzen; das Weiß wird durchsichtig; fest wird flüssig. Anstelle von Eiskristallen erstrahlen nun Wassertropfen im Sonnenlicht – eine veränderte Stimmung mit zunehmender Wärme erfüllt mehr und mehr die Atmosphäre.

Reif

„Leben ist Wandel, Veränderung, Übergang von einem Zustand in den nächsten. Nichts bleibt gleich — außer der Idee selbst. Sie ist Ursprung und Ziel zugleich. Sich in mannigfaltigen Formen manifestierend, sich entwickelnd, entfaltend, indem sie mit anderen Formen kommuniziert und wechselwirkt, neue Informationen aufnehmend, neue Erfahrungen sammelnd — ihrer Vervollkommnung entgegen strebend. Jedes Wesen ist auf seinem eigenen Weg, entfaltet sich auf seine individuelle Art und Weise. Dies gilt vor allem für den Menschen.

Jedes Individuum — sei es Mineral, Pflanze, Tier, Mensch oder unser Planet Erde — ist dabei Teil eines Kollektivs, einer Gruppenseele, eines gemeinsamen Feldes, in welchem die individuellen und die gemeinsamen Erfahrungen gespeichert sind. Aus diesem Informationspool werden die Individuen gleichsam ständig gespeist. Aus den gespeicherten Daten ergibt sich jedoch auch eine Fülle von neuen Möglichkeiten, zum Beispiel durch Kombination verschiedener Informationen. Je häufiger sich bestimmte Muster aus der Gesamtentwicklung herauskristallisieren, umso mehr entsteht aus der bloßen Möglichkeit eine Wahrscheinlichkeit: die Wahrscheinlichkeit, dass sich die als Potential vorhandene Möglichkeit manifestiert. Sei es als neue Pflan-

zenrasse oder neues Verhaltensmuster bei Tieren, sei es als neue Idee oder als technische Innovation... "

Es ist ja schon auffällig, dass verschiedene Erfindungen oftmals nahezu zeitgleich von verschiedenen Wissenschaftlern an unterschiedlichen Orten gemacht wurden und werden. Auch bei Verhaltensweisen von Tieren hat man dies festgestellt: An einem Ort gelernt, steht diese Erfahrung dann der ganzen Art über dieses übergeordnete Morphogenetische Feld zur Verfügung – und wird urplötzlich auch anderswo, in einem völlig anderen Gebiet oder Land, ebenfalls praktiziert.

Bei Tieren und Pflanzen scheint dies einfacher zu sein; da geschieht es gewissermaßen von selbst – bei uns Menschen erweist sich dies gewöhnlich als schwieriger. Tiere und Pflanzen sind mit ihrem Morphogenetischen Feld intuitiv eins – wir Menschen haben diese natürliche Verbindung irgendwie eingebüßt, oder zugeschüttet. Dadurch dass wir mehr auf Glauben, Theorien und Meinungen hören – auf Informationen also, die von außen, von Religion, Wissenschaft und Medien an uns herangetragen werden – anstatt auf die Weisheit von innen zu schauen und zu bauen.

„Die Weisheit von innen ist jedem Wesen von Natur aus gegeben. Es gibt keine Trennung. Wenn der Mensch seine Augen verschlossen hat und seine innere Verbindung nicht mehr wahrnehmen kann, so ändert sich nichts an der Tatsache der faktischen Einheit. Der Mensch ist eine Einheit von Körper, Seele und Geist – und ist verbunden mit der übergeordneten Gruppenseele sowie dem Sein selbst.

Er ist jedoch meist seinem eigenen Wesen und damit auch dem Sein entfremdet – weil er in seinem Denken und Leben überwiegend um sein eigenes, persönliches irdisches Dasein kreist. Die Kommunikation ist überschattet von nahezu ausschließlich nach außen gerichteten Sinnen, Emotionen, Gedanken, Worten und Handlungen. Er hat gewissermaßen verlernt, mit seiner eigenen Seele und mit seinem eigenen ewigen Wesen sowie mit dem kollektiven Bewusstsein zu kommunizieren.

Aus dem eigenen Inneren schöpfen heißt: aus der unendlichen Fülle schöpfen. Hier hat jede Frage ihre Antwort; ja, hier gibt es gar keine Fragen – nur Möglichkeiten, Wahrscheinlichkeiten und Tatsachen.

Tritt etwas Neues ins Licht des Bewusstseins, spricht man von Inspiration oder Intuition. Im Geiste, im Morphogenetischen Feld, hat es schon vorher existiert, bevor es sich schließlich als neue Erkenntnis, zündende Idee oder neue Erfindung manifestiert. "

Diese Erfahrung habe ich schon öfter gemacht. Angestrengtes Grübeln und verbissenes Brüten über einem Problem bringt selten die Lösung. Erst wenn ich innerlich ruhig und entspannt bin, eventuell mit etwas ganz anderem beschäftigt bin, kommt plötzlich ein Geistesblitz: Eine Idee schießt ins Oberbewusstsein, begleitet von einem Energieschub, einer Be-Geisterung. Und ein Gedankenstrom setzt ein, gleichsam aus der Tiefe emporsteigend; die Idee nimmt immer mehr Form und Gestalt an, wird immer reicher an Facetten und Details.

Ebenso wie die Eiskristalle des Reifs auf Gras, Büschen und Bäumen sich nun immer rascher in Wasser wandeln, so geschieht es nun auch mit der dünnen Eisdecke auf meinem Gartenteich, den ich vor kurzem angelegt hatte – als neuen Ort der Ruhe und Kraft. Das Eis wird wieder zu dem flüssigen Wasser, das es vorher war.

„Jede Form kehrt wieder zum Ursprung zurück. Wenn die Idee geboren ist, geht sie gleichsam mit neuer Präsenz in das Informationsfeld ein, aus dem es entsprungen ist. Aus der Möglichkeit beziehungsweise Wahrscheinlichkeit ist eine Tatsache geworden; die Idee hat sich verwirklicht, wurde Wirklichkeit – und hat nun eine neue Qualität und Bedeutung. Daraus entstehen wiederum neue Potentiale, welche von intuitiven Menschen erfasst und erfahren werden können. Und wieder kann etwas Neues geboren werden…

Der alles erfüllende Geist, in den diese Morphogenetischen Felder in einer hierarchischen Weise eingebettet sind, ist an sich unendlich kreativ, schöpferisch – beständig sich entwickelnd, sich weiter entfaltend, Neues gestaltend… Es gibt keinen Stillstand. – Vollkommenheit ist unendliche Entwicklung.“

Andächtig blicke ich auf den schmelzenden Reif und das sich langsam auflösende Eis. Mein Bewusstsein scheint geweitet zu sein. Eis, Reif, Wasser – alles

ist eins und doch verschieden, da und nicht da. Sichtbares und Unsichtbares scheinen zu verschwimmen –
alles ist gleichzeitig.

Schnee

Als ich wenige Tage später erwache, ist es schon ungewöhnlich hell draußen; ein eigenartiges, neues Licht scheint durch das Fenster. Als ich mich erhebe, sehe ich, dass es über Nacht geschneit hat.

Alles ist jetzt mit einer weißen Hülle überzogen. Die Äste der Bäume, die vorher in kahlem Grau in den ebenso grauen Himmel ragten, erstrahlen nun in einem leuchtenden Weiß, vor zunehmend tiefblauem Himmel. Was von den Sonnenstrahlen getroffen wird, blitzt auf und funkelt wie ein leuchtender Kristall. Die Welt erscheint verzaubert – welch eine Verwandlung, die da geschehen ist!

„So manches erscheint oftmals trüb und grau – und doch kann alles schon am nächsten Tage in einem neuen Licht erstrahlen. Sieh nicht nur auf die Erscheinung, sondern versuche das Wesen zu erfahren. Gleich wie etwas erscheint – grau oder weiß: das Wesen einer Sache, einer bestimmten Angelegenheit oder auch einer Person, ist unabhängig von der augenblicklichen Gestalt.

Gespräche mit AQUA

So macht es Sinn, zu hinterfragen, was sich hinter einer bestimmten Sache oder Situation verbirgt. Warum taucht sie gerade jetzt im Leben auf? Es gibt keinen Zufall. Alles beruht auf Anziehung, Magnetismus, Resonanz.

Wenn eine Seele beispielsweise bestimmte Signale aussendet, weil sie sich in einer bestimmten Richtung entfalten will – was allerdings dem Verstand meist verborgen bleibt –, dann kommuniziert sie automatisch mit den entsprechenden Möglichkeiten. Es kommt zur Resonanz und zu einer gegenseitigen Verstärkung – bis sich schließlich entsprechende Situationen ergeben, sich Dinge plötzlich zusammenfügen. Wenn Übereinstimmungen mit anderen Menschen auftreten, kann es zum Beispiel zu bestimmten, wichtigen Begegnungen kommen. Oder das Auge bleibt plötzlich an einem bestimmten Bild oder Text hängen...

Es gibt unendlich viele Möglichkeiten. Eine Begegnung, ein spontanes Gespräch, eine bestimmte Information kann plötzlich neue Energien aktivieren – dem Leben quasi über Nacht eine neue Richtung geben.

Du bist derselbe – jedoch erscheint nun alles in einem neuen Licht; neue Perspektiven haben sich eröffnet, neue Möglichkei-

ten aufgetan. Das Grau ist plötzlich einem dynamischen, strahlenden Weiß gewichen.“

Was für ein Zu(sammen)fall, dass ich gerade erst auf eine Ausschreibung gestoßen bin, die mich sofort in den Bann gezogen hat. Seit ich von dem Angebot gelesen habe, ist in mir eine neue Tatkraft erwacht; meine Gedanken bewegen sich um diese Sache. Ununterbrochen blitzen neue Ideen in meinem Bewusstsein auf. Das Projekt nimmt Form an vor meinem geistigen Auge; ich bringe meine Gedanken zu Papier, schreibe die ersten Briefe... Gegenwart und Zukunft sind gleichzeitig lebendig in mir.

Breiter Strom

Der Winter ist vorbei, der letzte Schnee rasch hinweg geschmolzen. Ich bin unterwegs zu einem Geschäftstermin im Norden des Landes. Der Weg führt dabei über eine lange Strecke direkt an einem großen Fluss entlang. Er hat aufgrund der Schneeschmelze einen ungewöhnlich hohen Wasserstand; manche Uferregionen sind sogar überflutet. Ich denke an das Bächlein, an dem ich gewohnt hatte und an die vergleichsweise kleine Überschwemmung samt den Folgen damals… Ob das Wasser jenes Bächleins auch in diesem mächtigen, zum Teil mehrere hundert Meter breiten Strom aufgegangen ist?

„In mir sind viele Bäche und Flüsse vereint – kleinere und größere. Ihr Wasser ist eins in mir. Zusammen sind wir mächtig; nichts kann uns aufhalten. Es gibt kein Zurück – nur ein kraftvolles Vorwärts.

Ist dein Leben im Fluss, bist du im Strom des Lebens, dann kann es nur machtvoll vorwärts gehen. Dazu müssen allerdings die vielen Dinge, die dich bewegen, in deine Persönlichkeit inte-

93

griert sein. Dies bedeutet authentisches Leben – Leben entsprechend deiner Fähigkeiten und Möglichkeiten, genährt und geleitet von Intuition und Inspiration, diese in klarem Selbstbewusstsein verwirklichend. Das ist kreatives, schöpferisches TätigSein – Sein als Teil des universellen schöpferischen Prozesses der Evolution."

Die Sehnsucht nach einem vollkommen authentischem Leben, einem Leben aus der inneren Fülle und Kraft, mit einem starken Selbstbewusstsein schöpferisch tätig seiend, Wesentliches beitragend zu einer sinnvollen Entwicklung der Menschheit und der Erde – diese innere Sehnsucht bewegt seit jeher mein Leben. Immer war ich, wenngleich größtenteils unbewusst, auf der Suche nach diesem klaren, kraftvollen Strömen des Lebens.

Manchmal hatte ich dieses Gefühl der Weite und des Getragenseins erfahren. Doch dann kamen wieder Enttäuschungen, Zweifel; ich stellte wieder vieles in Frage. Mein Inneres fühlte sich an wie eine dunkle Brühe – wie die braunen Wassermassen des Stromes, neben dem ich gerade fahre.

Breiter Strom

„Zweifel spalten, vor allem Selbstzweifel – sie entzweien die Einheit deines Bewusstseins und trüben die Sicht. Wenn du zweifelst, bist du nicht souverän. Was nicht heißen soll, dass du vorhandene Strukturen und Denkmuster nicht gelegentlich hinterfragen solltest. Wenn zum Beispiel ein unwohles Gefühl in dir auftaucht, dann frage dich, was es dir sagen will. Bist du in einer bestimmten Situation festgefahren? Oder sind bestimmte Ansichten oder auch Lebensumstände nicht mehr aktuell – und sollte daher eine Veränderung erfolgen?

Natürlich gibt es auch dunkle Phasen im Leben, Zeiten, in denen vieles fraglich und ungewiss erscheint. Dann ist Vertrauen erforderlich – Vertrauen in das Leben, das beständig weitergeht, ohne Unterlass, dem Ziel der eigenen Vervollkommnung entgegen strebend – auch wenn der menschliche Verstand dies oftmals nicht sogleich erfassen kann.

Doch gerade solche Zeiten können wertvolle Phasen der Metamorphose sein. Eine Raupe muss sich auch erst verpuppen und muss diese scheinbare Bewegungslosigkeit aushalten, damit die inneren Wandlungsprozesse erfolgen können und schließlich der prächtige Schmetterling schlüpfen und sich in die Freiheit der Lüfte erheben kann. Der Raupe oder Puppe würde es niemals *einfallen, die momentane Lebensphase zu verurteilen oder gar daran zu zweifeln, dass sie einst als Schmetterling sich entfalten kann.*

Geduld ist also angesagt. Denn in solchen Zeiten hat es keinen Sinn, sich zu quälen und zu verzweifeln – wobei es wie gesagt etwas anderes ist, über sich selbst und sein Leben zu reflektieren. Letzteres ist jedoch nicht zerstörerisch, sondern konstruktiv, weil es vom Willen zur Verbesserung und Entwicklung geprägt ist."

Ich kenne viele solche Phasen in meinem Leben. Es ist richtig, es kommt darauf an, wie man damit umgeht. Welchen Sinn hat die Situation? Was kann ich daraus lernen? Was sollte ich vielleicht ändern in meinem Leben und Denken? Welche Weichen müssen eventuell neu gestellt werden?

Setze ich mich nicht unnötig unter Druck, sondern versuche in Ruhe den Sinn zu erfassen, habe ich die Botschaft erkannt, dann ist die Situation auch gut zu überstehen – und nach einiger Zeit geht es wieder weiter. Natürlich braucht es auch immer wieder Geduld und genug Zeit, damit sich die Dinge neu ordnen und entwickeln können – vor allem jedoch braucht es Vertrauen. Ist eine Durststrecke schließlich überstanden, geht es dann mit einer neuen Qualität und Dynamik weiter.

Das Meer

Der Frühling ist angebrochen; viele Bäume, Sträucher und Wiesen sind erwacht zu saftigem Grün. Mit zunehmender Wärme der Sonne werden neue Pflanzen wie magnetisch aus der Erde gezogen, wird Wasser hinauf in die Baumspitzen gesogen, wo neue Ästchen und Blätter austreiben. Unzählige Blumen beginnen nun in den verschiedensten Farben zu erblühen. Es fällt einem fast schwer, sich vorzustellen, dass vor kurzem noch alles grau und kahl war.

Unsere Sehnsucht nach Wärme und Sonne hat meine Frau und mich in den Süden gezogen – ans Meer. Hier ist die Farbenpracht noch ausgeprägter. Ich sitze nun auf einem Hügel, mit einem wunderbaren Blick auf das Meer. Ich sehe den Wellen zu, wie sie auf den Sandstrand zurollen und sich schließlich verlieren. An einer anderen Stelle, ganz in meiner Nähe, an der die Wellen mit kraftvollem Getöse gegen einen nahezu senkrecht aufragenden Felsen schlagen, wird deutlich, welche Macht dieses Wasser hat. Die Wellen scheinen zwar abzuprallen und die Gischt spritzt meterhoch nach allen Seiten davon – und doch hat das Meer über die Jahrtausende hinweg den Fels zerklüftet und ihm teilweise eigenartige Formen verliehen. Hier könnte ich stundenlang sitzen, einfach nur dasitzen und zuschauen – mit allen Sinnen hineintauchend in dieses intensive Erleben.

Auf einmal wird mir bewusst, dass ich – an fast derselben Stelle – schon einmal gesessen war. Damals hatten sich die Sehnsucht und der Entschluss, einmal jene Quelle zu besuchen, mit Macht in mein Leben gebahnt. Seitdem hat sich vieles verändert – äußerlich, vor allem jedoch innerlich.

Die vergangene Zeit läuft vor meinem geistigen Auge ab: das einschneidende Erlebnis an der Quelle, die Erfahrungen am Bächlein, am See, am Fluss, am Strom… Wolken, Nebel, Reif, Schnee…

Vom Meer zur Quelle – und in einigen Etappen wieder zurück zum Meer! Dies erscheint mir plötzlich wie ein roter Faden der letzten Jahre. Die Perlen an dieser Schnur sind die inneren Erfahrungen, vor allem die Kommunikation mit dem Wasser in seinen verschiedensten Erscheinungsformen – die Gespräche mit AQUA!

Wie wird es weitergehen?

„Du bist nun wieder am Meer. Ist dies das Ende oder der Anfang? Das Ende der Bäche und Ströme? Oder der Anfang eines neuen Zyklus – wenn das Wasser verdunstet, im Mantel der Erde reift, um dann erneut als Quelle wieder hervorzutreten, um wiederum dem Meer entgegen zu fließen?

Wie geht dein Weg zur inneren Quelle weiter? Zur Quelle in dir, in der du bewusst eins bist mit deinem göttlichen Wesen und dem Sein selbst – schöpferisch tätig seiend aus der Fülle des Lebens?

Bachlauf und Lebenslauf – wie ähnlich sind sie sich doch! Ebenso wie der Bach anwächst zum Strome, sollte das Leben des Menschen am Ende erfüllt sein – gefüllt mit vielen Erfahrungen, gereift in Liebe und Weisheit."

Ich frage mich: Bin ich reifer geworden an Liebe und Weisheit – bin ich also der Erfüllung meiner menschlichen Existenz näher gekommen?

Mein Blick schweift hinaus – dorthin, wo der blaue Horizont das Meer berührt. Himmel und Erde, Luft und Wasser, scheinen dort in der Unendlichkeit zu verschmelzen.

„Himmel und Erde sind eins, keine getrennten Wesenheiten. Luft und Wasser durchdringen sich – eins ist nicht ohne das andere. Nur das Mischungsverhältnis ist anders. Im Regen nimmt das Wasser den Weg in die Materie, im Dunst und Dampf den Weg in die feineren Gefilde. Es ist ein ständiger Austausch, ein ständiger Kreislauf.

Es gleicht dies dem Kommen und Gehen der Seelen. Sie inkarnieren, manifestieren sich, gehen ihren Weg – um dann wieder aufzusteigen in die feineren Regionen des Seins. Das Individuum existiert nach dem Ablegen des physischen Körpers weiter – die Seele steigt auf in lichtere Bereiche, geht quasi ein in das Kollektiv der Menschheit.

Sie bleibt jedoch das Individuum, welches in seinem irdischen Leben neue Wesensmerkmale ausgebildet hat – und ist doch eins mit der Menschenseele, von der sie ein Teil ist. Je weiter das Bewusstsein der Seele erwacht ist, umso bewusster wird sie diese große Einheit erfahren und in ihr und aus ihr schöpfend leben – auch als inkarnierter Mensch. Das bedeutet wahres MenschSein.“

Die Gischt spritzt plötzlich hoch und entlässt Billiarden von Wassertropfen – um dann wie in Zeitlupe wieder in das Meer zurückfallen. Was geschieht mit Ihnen in der unendlichen Weite des Ozeans? Gehen sie auf im großen Ganzen und werden bedeutungslos?

„Versenke dich in die Weite und in die unergründliche Tiefe des Meeres. Es besteht aus unendlich vielen Wassertropfen – ohne sie gäbe es das Meer nicht. Jeder Tropfen ist wichtig – so wie jedes Lebewesen, jeder Mensch seine individuelle Bedeutung für das Ganze, die ganze Menschheit, die Erde und das ganze Sein hat.“

Eintauchend in die Weite des offenen Meeres verschwimmt mein Blick mehr und mehr, erweitert sich, löst sich auf und taucht ein in die Gesamtheit der Ozeane dieser Erde – welche wiederum „nur“ ein Tropfen im Weltenmeer ist – im unendlichen Sein.

Zeitfracht Medien GmbH
Ferdinand-Jühlke-Straße 7
99095 Erfurt, Deutschland
produktsicherheit@kolibri360.de